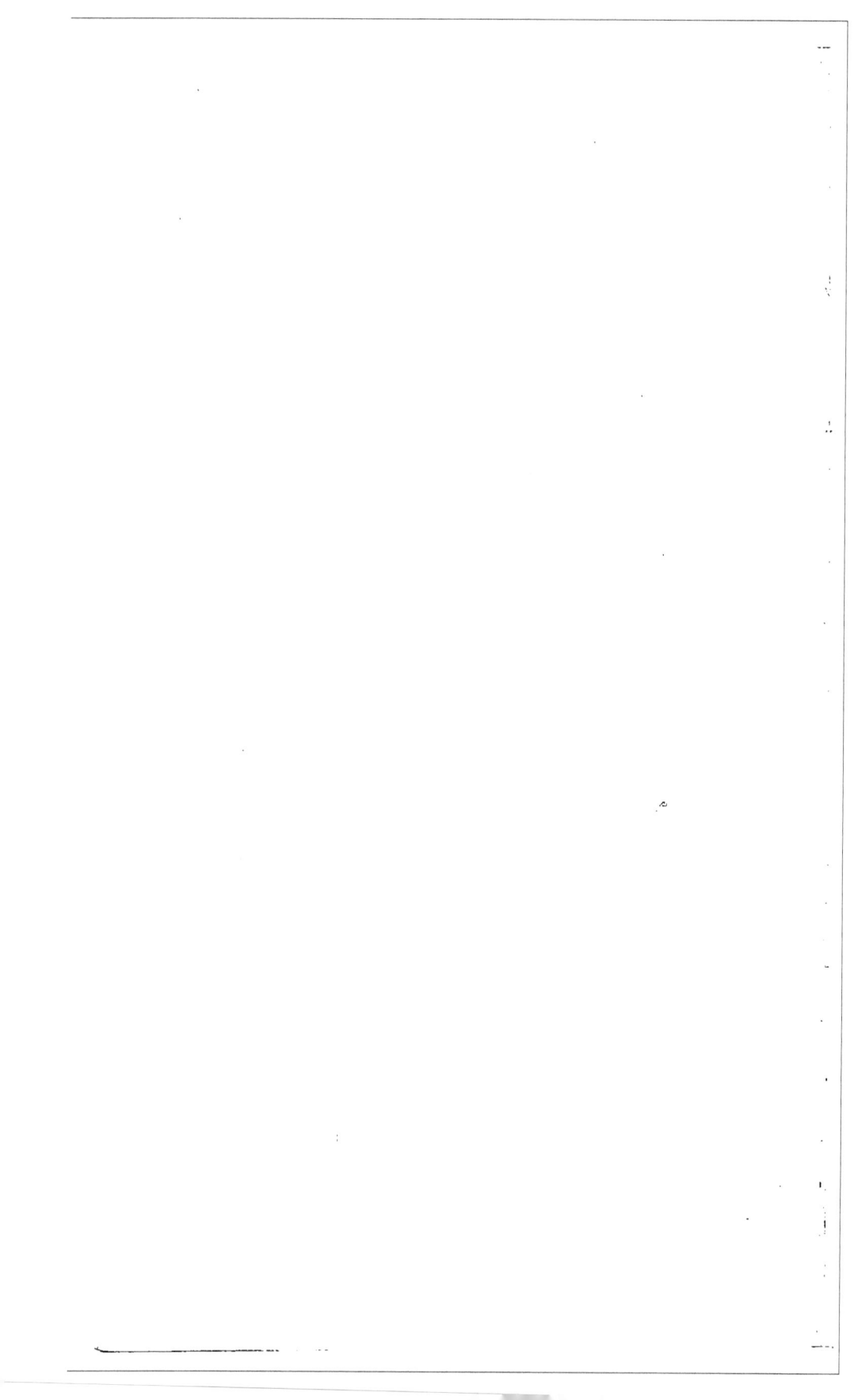

ACADÉMIE DES JEUX FLORAUX

Concours de 1875

GOUDELIN ET JASMIN

DISCOURS EN PROSE

Qui a remporté l'Immortelle d'Or
(Prix fondé par le Conseil Général)

Par M. BERNARD BENEZET, Peintre d'Histoire,
à Toulouse.

TOULOUSE
IMPRIMERIE Louis & Jean-Matthieu DOULADOURE
39, Rue Saint-Rome, 39.

1875.

ACADÉMIE DES JEUX FLORAUX

Concours de 1875

GOUDELIN ET JASMIN

DISCOURS EN PROSE

Qui a remporté l'Immortelle d Or

(Prix fondé par le Conseil Général)

Par M. Bernard BENEZET, Peintre d'Histoire,
à Toulouse.

TOULOUSE

IMPRIMERIE Louis & Jean-Matthieu DOULADOURE

39, Rue Saint-Rome, 39.

1875.

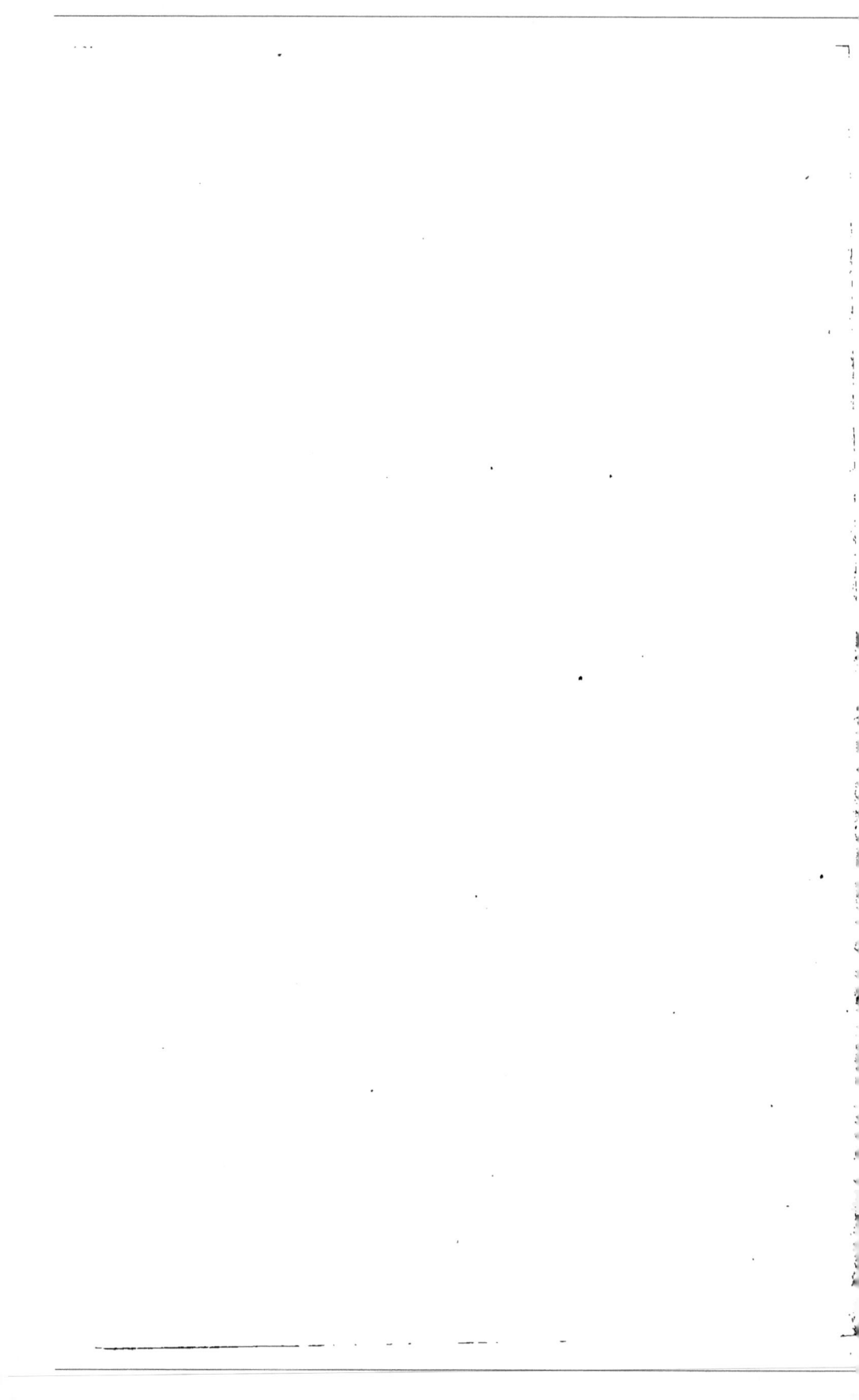

...Boudroy , dins ma glouriolo ,
Que sas cansous (celles de Goudelin) et mas cansous ,
Nous fasquessen un jour prene per dus bessous !

JASMIN.

I

Au commencement du xvie siècle tout semblait
sourire aux destinées du génie méridional. Les hu-
manistes de notre ville , qui avaient visité les grands
gymnases d'Italie , donnaient une vie nouvelle à
l'enseignement déjà si prospère de nos Universités ,
ranimaient les études de rhétorique et fondaient des
écoles de Droit civil et canonique. Au mouvement
de renaissance des lettres et des sciences, se joignait
celui de l'art proprement dit et, tandis que Cujas ,

Boyssonné, Pierre et Guillaume Bunel, émules des professeurs de Pavie, de Milan et de Bologne, produisaient des œuvres dont quelques-unes seront immortelles, à son tour, Bachelier dotait la cité Palladienne des merveilles monumentales réalisées par Palladio et Michel-Ange dans la Péninsule. Toulouse semblait principalement appelée à devenir un foyer artistique privilégié : on eût dit que la nature voulant seconder elle-même, en ce moment, les progrès des artistes privés encore de l'étude des marbres antiques, créait à dessein parmi nous, un type d'idéale beauté, la belle Paule, vivante reproduction de la statue d'Ariane, dont Castiglione célébrait à Rome l'heureuse découverte.

Les joies de la Renaissance devaient être cependant douloureusement incomplètes! Au moment où Toulouse apparaissait toute brillante de la renommée de ses artistes et de ses savants, les poëtes romans cessaient brusquement leurs chants, la gaieté poétique s'éteignait sur les lèvres méridionales. Rien ne faisait présager ce funeste temps d'arrêt de l'inspiration des troubadours, car notre poésie sous le nom de gaie-science avait été intimement unie pendant des siècles à l'humeur heureuse des occitaniens, et naguères encore elle venait d'affirmer, dans des assises solennelles présidées par Clémence Isaure, sa douce et persistante vitalité.

Pourquoi notre génie poétique qui, émerveillé au xive siècle par l'esthétique des élèves de Giotto, avait demandé à ces élèves le secret de la mélancolie céleste de leurs figures, se fermait-il tout à coup à l'influence bienfaisante de l'art de la Renaissance, de cet art qui tentait, avec Raphaël et à l'exemple de Dante, la combinaison des deux éléments chrétien et païen? Pourquoi notre génie poétique, affermi

dans les principes d'une savante rhétorique avec
Molinier, préparé aux transformations de la Renaissance par le naturalisme de Sebonde et de Rosergio,
servi par des poëtes qui, semblables à ceux des Mé-
dicis, composaient des vers tout imprégnés du parfum des fleurs champêtres, pourquoi, disons-nous,
ce génie poétique s'obscurcit-il subitement lorsque
parurent les œuvres de Bembo et de Sannazar?

Ah! c'est qu'indépendamment des circonstances
défavorables produites par l'introduction du français comme langue officielle; la muse chaste et chrétienne des troubadours s'alarma vivement à la vue
du cortége impie et mythologique qui accompagnait
la Renaissance. Elle se retira des Jeux du Gai-
savoir.

Certes, le naturalisme italien n'avait de païen
que les dehors; mais cette doctrine, que l'élégance
des cours d'Urbin, d'Este, etc., que les parfums des
rives de l'Arno, au bord desquelles Ficin l'avait
préparée, qu'enfin l'esprit chrétien de Léon X rete-
nait dans des bornes à la fois poétiques et ortho-
doxes, devait forcément, dans notre ville livrée aux
mains de Capitouls *ignorants* (1), servir d'aliment
aux mauvaises passions alors si vivement surexci-
tées. Cette haine furieuse de la scolastique, ce culte
de l'antiquité, cette résurrection de l'art cherchée
en dehors des enseignements catholiques qui faisaient
le fond du naturalisme nouveau, avaient déjà jeté
de graves esprits dans de dangereuses erreurs, et
Boyssonné (2), un de nos meilleurs poëtes, entraîné
par les enivrements de la rhétorique païenne, glissa
un moment dans l'hérésie de la réforme.

(1) Dixain sur les Capitouls, par Boysonné.
(2) Docteur régent de l'Université de Toulouse, et poëte estimé.

La poésie romane s'était longtemps maintenue intacte et prospère à travers les âges et s'était accommodée aux transformations successives de la civilisation occitanique, grâce à l'unité, à la force que lui donnaient les principes religieux ardemment soutenus par les troubadours, et que ceux-ci devaient au zèle de nos écoles de théologie. Ces principes attaqués d'un côté par les négations de la Réforme et les hardiesses de la philosophie qui s'alliaient si bien avec l'indépendance d'idée et le néopaganisme de la renaissance italienne ; bafoués d'un autre côté par cette pléïade d'hommes de joyeuse vie, disciples de Rabelais, qui salirent le xvie siècle, ces principes devaient malheureusement s'affaiblir tout à coup, et, avec eux, la poésie romane.

On crut cette merveilleuse poésie romane à jamais ensevelie sous l'indifférence et les dédains des nouvelles doctrines, et les rares poëtes toulousains du xvie siècle, loin de se servir de l'idiome de Pierre Vidal et de Clémence, mirent tout leur talent à perfectionner la langue de Marot et de Ronsard. Cependant ces défections ne devaient pas fermer l'avenir de la gaie-science. Notre génie poétique se conserva pur et intact dans l'esprit du peuple. Il devait de nouveau admirablement s'affirmer parmi nous. Mais il fallut attendre que les passions violentes soulevées par les idées de réforme se calmassent ; il fallut attendre que les mœurs rudes et farouches de la Ligue s'adoucissent, que les esprits et les caractères perdissent de leur libertinage, et qu'enfin la vieille et funeste influence de Montaigne fît place peu à peu à celle de saint François de Salles. Alors, à l'aurore du xviie siècle, l'imagination longtemps desséchée par le doute put s'animer des convictions profondes et vives du moyen âge ; on vit notre littérature, décolorée sous la teinte de puritanisme philosophique que lui avait communiquée la Réforme, retrouver ses anciennes ardeurs religieuses et une splendeur nouvelle. Le Midi se signala dans le mouvement de double réaction littéraire et catholique qui s'opéra à cette époque. Un poëte toulousain se leva pour personnifier, dans nos contrées altérées de joies idéales, les gloires séculaires de notre collége du Gai-savoir.

Pierre Goudelin, qu'une grossière légende représente comme un poëte licencieux et absolument burlesque, devait au contraire remettre en honneur l'*Art de trouver*, en restituant à cet art son caractère distinctif d'inspiration religieuse et de gaieté native. C'est ainsi qu'en reprenant les traditions intimes de notre passé poétique, Goudelin mérita excellemment le titre de *Prince de la lenguo moundino*, unanimement accordé à l'auteur du *Ramelet*, par les poëtes de son temps (1).

Goudelin personnifie la réaction poétique de la fin du xvie siècle. Une seconde réaction devait s'opérer dans le Midi, mais longtemps plus tard, après les ravages de l'incrédulité et du sensualisme du xviiie siècle, après les bouleversements de la révolution française. Les systèmes pervers proclamés par le philosophisme régnaient encore sur la foule à l'époque du premier Empire. Des hommes généreux, de grands esprits se levèrent pour combattre les fausses doctrines et favoriser le retour bienfaisant aux idées religieuses et sociales. Quoique ayant été frappée d'ostracisme

---

(1) ... Mort es le passotens, le delici, la joyo
Nostre prince moundi .... l'aunou d'aquesto bilo;
Mort es soun bel esprit, le gauch de tout le poble !
(Regrét de Tircis sur la mort de soun amic Goudouli)

dans le sanctuaire même de ses Jeux (1), la muse
romane, en présence de la *Civilisation nouvelle* qui
se flattait de corrompre ou d'effacer ce qui restait
de la simplicité des antiques traditions, se réveilla
et sembla rajeunir son génie pour défendre les
croyances, les mœurs, le passé poétique si chers à
nos contrées. Alors parut JASMIN, cet homme inspiré
que Lamartine appela le *plus grand poëte des temps
présents*, et qui se disait fièrement lui-même :

Fil de Toulouzo et fray de Goudouli !

Nous allons étudier séparément les œuvres de nos
deux illustres poëtes romans. Nous examinerons ensuite, en les comparant l'un à l'autre, les traits
essentiels et caractéristiques de leur génie.

II.

Musarum Godeline decus sic ora ferebas,
Lirida cum caneres, Berteriumque nemus :
... Non meliora tuis tentabit carmina Apollo,
Tectosagum grato cum volet ore loqui.
(LAFAILLE.)

Excepté M. de Carmaing, ancien gouverneur du
Languedoc, qui pour charmer ses heures de capti-
vité à la Bastille, expliquait à Bassompierre les
poésies de Goudelin (2), personne au commence-

(1) Sous Louis XIV, un édit bannit la langue romane des concours
du collège de Poésie.
(2) Lafaille, biographie de Goudelin.

ment du xviie siècle ne soupçonnait dans la capitale l'apparition d'un grand poëte méridional. Les beaux esprits qui tenaient école de *finesse aiguë* (1) à l'hôtel de Rambouillet, auraient été bien surpris si on leur eût dit que la grâce du langage, la délicatesse des sentiments, l'inspiration lyrique dont ils croyaient avoir l'absolu monopole, avaient trouvé, ici, aux pieds des Pyrénées, un représentant de génie; si on leur eût prouvé surtout que Goudelin, dans ses pièces familières, peignait mieux le caractère des hommes et les mœurs de son époque, que Benserade et Voiture dans leurs pompeux sonnets, et qu'enfin l'auteur du *Ramelet* était plus près de la nature et surtout de l'art pastoral antique que le fameux Racan.

Mais avant de nous occuper de Goudelin poëte, il nous faut parler de Goudelin réformateur ou plutôt créateur du langage *moundi*.

L'entreprise de former un nouvel idiome était hardie et immense. Goudelin connaissait le travail qui se faisait alors au bénéfice de la langue officielle. A l'œuvre de Malherbe et de Balzac ayant pour objet d'épurer le français, il opposa un labeur parallèle en faveur de notre idiome particulier. La tâche de Goudelin était plus ingrate : Malherbe et Balzac, venus après les recherches faites par Ronsard et Montaigne, n'eurent qu'à plier les nouveaux documents aux règles d'un goût plus sûr pour fixer désormais la voie où devaient entrer plus tard Racine et Pascal.

Goudelin ne venait après personne, ou plutôt il venait après trop de monde, car le dialecte roman, abandonné au vulgaire depuis l'époque de Fran-

_____

(1) Boileau.

çois Ier, était devenu un patois dégénéré et corrompu. Avec de grossiers et d'ingrats éléments, Goudelin reconstruisit un idiome ayant toutes les qualités des langues classiques, et continua le génie, sinon le vocabulaire exact, du roman grave et élégant qu'avaient parlé Molinier et Clémence.

Depuis que Molinier avait écrit les règles de la poésie romane, aucun ecrivain ne s'était occupé de la langue vulgaire. Chose étrange! un certain amour-propre local semblait faire désirer aux poëtes méridionaux qu'un voile jaloux et mystérieux fût jeté sur la grammaire romane.

> Triors, tu fais grand tord aux Tectosagiens
> De faire aux étrangers leurs propres mots entendre,

s'écriait Saint-Anian, au XVIe siècle, s'adressant à l'auteur des *Joyeuses recherches sur la langue Toulousaine*. Évidemment, les Toulousains avaient au fond du cœur une crainte pieuse que l'étranger ne copiàt leur riche vocabulaire national,

Leurs vieils mots, leurs vieils dicts, leur parler, leur langage (1)

En créant par son seul génie et son seul bon sens une nouvelle grammaire moundine ; en fixant désormais le langage vulgaire avec ses règles savantes, ses tournures si pittoresques, sa sonorité si musicale (2); en donnant à ce langage les qualités de

---

(1) Saint-Anian.

(2) *Couytat-bous de flouri flouretos*
E de milanto coulouretos,
Fasétz-nous sur la pradario
Un bel tapis de broudario.

Cette stance ne vibre-t-elle pas comme les cordes d'une lyre ? Le premier vers n'est-il pas d'une harmonie imitative surprenante ?

dignité, d'ordre et d'harmonie qui devaient le rendre accessible à la poésie la plus élevée, en même temps que la gravité, le naturel, la souplesse qui devaient l'approprier au discours; Goudelin eut-il la pensée hardie de s'opposer à la centralisation poursuivie par le pouvoir royal au moyen de la langue française? L'occasion était favorable pour cette tentative, car le peuple ne comprenait pas la langue officielle et trouvait celle-ci doublement barbare, c'est-à-dire étrangère, d'abord parce qu'elle venait d'Outre-Loire, ensuite parce qu'elle avait été surchargée de latin par Ronsard et de tournures italiennes par Desportes.

Lafaille ne parle pas des projets de Goudelin; il se borne à dire que notre grand poëte ne voulut pas consentir à mettre son génie sous la dépendance d'un idiome étranger. Peut-on s'étonner que le *Ramelet moundi* n'ait pas rendu à la langue romane le rang qu'elle avait occupé jadis dans nos contrées, lorsqu'on songe que Dante faillit ne pas réussir à imposer l'idiome de la *Divine comédie* à l'Italie! Au xvᵉ siècle on voit encore Bembo hésiter entre le latin et l'italien pour composer ses *Assolani*.

« Enfant de Toulouse, dit Goudelin (1), il me plaît d'épurer son langage et de le rendre capable de s'assouplir à toutes sortes de perfections. » Les *francimans* (2) accusaient le réformateur de ce dialecte de « s'embarrasser de latin (3). » *Tabés al fa le blous francés* (4), répondait Goudelin qui certes s'inspirait des modèles antiques, mais en conservant intactes les vieilles expressions romanes non alté-

(1) Préface du *Ramelet*.
(2) Ceux qui parlaient le langage français. (Ramelet.)
(3) ... De s'encadena de lati. (Ramelet.)
(4) Ainsi procède le pur français.

rées, les vieux mots de notre génie philologique.
Ces mots typiques et particuliers dont Goudelin dit :
que biben de lours rendos (1), donneraient à croire que,
contrairement à l'opinion du savant Cazeneuve faisant dériver le roman du dialecte latin parlé dans la
Gaule narbonnaise, notre langue d'Oc aurait plutôt
une origine celtique (2).

Quoi qu'il en soit, le reproche adressé au prince
des poëtes restera comme son meilleur éloge. L'auteur du *Ramelet* possède à fond le génie de l'antiquité, il se sert de celui-ci à chaque pas dans ses
créations, mais sans pédantisme et sans servilité
surtout (3). Son travail n'est pas une copie, mais
une assimilation artistique et savante. « *Nés pas
desaunou descarni les latis, may qu'on y barreje
quicom de siu* » (4). Cette fusion du goût ancien dans
le génie roman constitue le caractère de la trans-
formation que Goudelin fit subir à notre idiome.
Les poëtes méridionaux de cette époque étaient tellement convaincus de la perfection de la langue
moundine qu'ils ne craignaient pas de dire :

Barbarus est istam nescit quicumque loquelam (5).

Réformateur du langage, Goudelin songea à ré-
former la poésie. Lorsque Molinier créa son code
poétique, les *fins aimans* ou poëtes ne profitèrent

(1) Qui n'ont aucune attache étrangère.
(2) Péc, gof, crauc, tanguil, requinca, brusc, etc., mots typiques
cités par Goudelin.
(3) Il appelle les jeunes filles de Toulouse *Moundinos,* non pas parce
qu'elles sont mondaines, mais parce que, dit Goudelin, « elles sont par
excellence *Mundulæ,* c'est-à-dire proprettes, gracieuses, *cautinados,*
gentilles. A *Munditie.* »
(4) « Le poëte peut sans déshonneur copier les Latins, pourvu
qu'il mêle à ses emprunts quelque chose de son propre génie. »
(5) Jadaut. *Ad lectorem de poetico Godelini opere.*

que médiocrement de cette méthode de rhétorique qui avait besoin d'être fécondée par le goût antique. L'école de Clémence, à la fin du xv° siècle, apporta une heureuse variété dans les genres alors traités, mais sans en créer de nouveaux. Goudelin devait révéler les secrets de l'invention poétique. Il fixa le genre lyrique dans ses odes et ses *chants royaux*; l'églogue dans ses pièces à Liris et la poésie descriptive dans ses vers à la *Fontaine Monrabe;* il trouva enfin le vrai caractère de l'épître, de la satyre et de ce qu'il appelle *gayetat innoucento* ou chant burlesque. La rénovation splendide que Bachelier avait opérée dans l'art monumental Toulousain, Goudelin la réalisa, avec une non moins vigoureuse fécondité de génie, dans l'école de la gaie-science.

C'est surtout à propos du genre lyrique qu'on est tenté de dire à Goudelin « *quò, musa, tendis?* » Et cependant, dans ce genre, l'auteur du *Ramelet* a laissé des chefs-d'œuvre, pour nous servir de l'expression de Lafaille. Ses *Chants royaux*, ses odes sont des modèles d'élévation et de sentiment. *Hic liricus dulci resonat modulamine cantus...* (1)

Les grandes pensées ne naissent pas d'elles-mêmes; la nature fournit sans doute, le germe, les éléments bruts de nos créations, mais l'art les détermine et les coordonne. Goudelin savait qu'il y a un art du sublime, et toutes ses études tendaient à en chercher les règles dans les chefs-d'œuvre classiques (2).

(1) Jadaut. *Ad lectorem de poetico Godelini opere.*
(2) A toutos fis se bos encaro
Que passe may que de la caro
Sas poupos soun... Ah! Capdenou,
Ça bau jou dire...
Cette figure, qui consiste à s'arrêter court en faisant semblant de passer, n'est-elle pas imitée de Virgile :
Jam cœlum terramque, meo sine numine, venti,
Miscere et tantas audetis tollere moles?
Quos ego... Sed motos præstat componere fluctus.

Un autre poëte, à cette époque, demandait aussi à l'art le secret du sublime. C'était Malherbe. Malherbe et Goudelin sont arrivés tous les deux par le travail à ce qu'il y a de haut et de transcendant dans la poésie. La lime du rhéteur avait, chez eux, agrandi l'inspiration poétique. Mais tandis que le premier donna au genre lyrique une solennité, une grandeur soutenue admirables, Goudelin, au contraire, doué d'un tempérament moins méditatif, donna à ce genre une énergie peu commune. Notre poëte toulousain procède par bonds et par éclairs. Il a toute sa force ramassée dans un seul trait. Mais quelle audace dans la pensée! quelle véhémence dans la passion! quel tour particulier dans les figures! Ayant à peindre le succès des armes d'Henri IV, il s'écrie :

> Acos el que prenio la fourtuno pel froun
> Que clabélao péy sul scéptre de la Franço ! (1)

Quelle interrogation sublime à propos des moyens qu'emploiera le roi pour vaincre ses ennemis :

> Coussi fara? — Fayt-es ço que le rey coumando !

Parfois la vigueur éclatante de l'idiome méridional, la hardiesse propre au génie de Goudelin font déborder l'inspiration de notre poëte hors du cadre d'une sage rhétorique. La chaleur de l'imagination empêche l'auteur des *chants royaux* de se conformer

(1) Stances à *Henric le gran.*

à l'unité, à l'homogénéité des anciens modèles. On peut appliquer a Goudelin ce vers d'un ancien :

Dans une grande flûte il souffle outre mesure.

De là quelques inégalités dans les poésies lyriques du *Ramelet*. La grandeur de la pensée n'efface pas toujours le travail d'art (1) ; le sentiment ne couvre pas assez la figure de sorte que celle-ci ne parait pas quelquefois se lier à l'ensemble du sujet. En pleine aurore du xviie siècle on est étonné de trouver des héros qui comme ceux d'Homère ont la tête dans les nuages et les pieds sur la terre. Malgré la disproportion de quelques-unes des compositions de Goudelin, malgré l'inégalité de niveau où le place son inspiration, on aime à rencontrer ces lueurs, ces élans épiques qui distinguent l'auteur de la mort d'Henri IV de la plupart des poëtes ses contemporains.

Si Goudelin s'est servi des modèles fournis par l'antiquité payenne, dans la composition de ses odes héroïques, il semble qu'il n'emprunte rien aux classiques pour l'ode religieuse. Un accent de lugubre mélancolie, peu familier à son génie, apparait ici dans les vers. Comme il sait parler de la vie de l'homme :

Oumbro, poulbero, sou, fum, boudoulletos d'aygo,
Petit mouli de prat à la sasou primayro
Qu'es a dezaro flou é dins un pauc sera
Un flouquet de bourrils que le bent desfara ! (2)

---

(1) « L'espazo de Louis li servisio de daillo , » dit Goudelin en parlant des ravages de la mort sur le champ de bataille. L'image est grande, mais un peu cherchée. La même observation peut s'appliquer aux vers suivants :

... Les drapéus desplegats tenen un ta gran tour
Que trento régimens y coumbaten à l'oumbro.
(Stances à Louis XIII.)

(2) Boutado sur la mort d'un boun coumpaignou.

L'ode intitulée : *De la mort* est empreinte d'une
poignante tristesse. Quelle sombre poésie Goudelin
jette sur le funèbre enclos du cimetière ! Il n'emploie
pas cette gamme de sentiments touchants et de rêve-
rie attendrie qui depuis lors ont distingué l'école de
Fontanes ou de Millevoie ; non , Goudelin parcourt
le cercle lugubre des tableaux de la mort à la façon
grave et pittoresque de Dante. Là c'est un laquais,
là c'est un seigneur fauchés à la même heure ; ici
c'est une femme :

> ... E les éls d'aquelo moundino
> Morts nou faran plus les mourens.

A le voir ainsi s'arrêter sur les tombes, prendre
pour ainsi dire les ossements pour les examiner
comme Hamlet, on se demande si ce poëte est bien
du temps où la cour et la capitale étaient en guerre
à propos d'un sonnet à *Uranie*, et on cherche où
Goudelin avait pu puiser la vigueur de sa palette
naturaliste.

L'auteur du *Ramelet* aime l'art avant tout et il est
porté à imiter, on l'a vu, la perfection et le génie des
modèles classiques. Mais lorsque ces modèles ne lui
sont d'aucun secours comme pour les sujets religieux, et qu'il se trouve seul en présence d'un thème
nouveau, la nature lui apparaît sans intermédiaire.
Son originalité poétique saisit alors l'heureuse occasion de se produire d'une façon excessivement puissante. Ami des peintres de l'École toulousaine, de
N. de Troy, de Chalette en particulier qui venait de
peindre avec un accent si personnel et si saisissant
le *Christ aux Capitouls,* Goudelin n'a-t-il pas été
impressionné par cette manière d'interpréter la nature, et ne s'est-il pas inspiré pour ses poésies reli-

gieuses des théories indépendantes adoptées par la nouvelle école artistique? A cette époque le goût du beau avait dégénéré en Italie, le grand style de Léon X était perdu et un homme d'un sombre génie, Caravage, s'affranchissant des règles classiques, se débarrassant du beau idéal des maîtres spiritualistes, demandait à la nature seule et à la violence des penchants personnels le secret du sublime. Goudelin, sans chercher à entrer dans la voie réaliste de la peinture, se laissait aller, malgré son culte pour les chefs-d'œuvre d'une école plus savante, à l'inspiration absolument libre qu'affectionnait Chalette élève du Caravage. Voilà, croyons-nous, l'explication de ces éclaircies dans le talent tout à fait antique de l'auteur du *Ramelet*. Si l'ode à Henri IV, si plusieurs de ses chants royaux ont une forme pindarique et classique, sa *Passiu del Christ* (1), ses odes à *La Mort*, révèlent un fond d'inspiration entièrement propre au poëte méridional et sont en évidente harmonie avec les tendances de l'esthétique hardie des successeurs de Raphaël.

Le manque de mesure que nous avons remarqué dans quelques-unes des poésies lyriques de Goudelin n'existe pas dans ses pastorales. Peindre les hommes des champs demandait un effort moins grand de génie que la représentation des héros de bataille. Vivant loin de l'hôtel de Rambouillet, Goudelin n'emprunte rien aux poëtes bucoliques de son épo-

(1) Diu que mouréts per nous ajats pietat de mi
 Que mouriré tabé, més que noun sabi l'houro,
 E' tirats en ta bous moun amo peccadouro
 Quand dins un triste clot me pourtaran dourmi.
Les stances à la *Passiu del Christ*, si largement écrites et si palpitantes d'inspiration, démontrent combien étaient profonds et énergiques les sentiments religieux de Goudelin.

2

que. D'Urfé venait de composer ses bergeries et Racan de chanter *Philis, les bergers et les bois*. L'églogue simple des anciens, où circule un air tiède de Grèce ou d'Italie, où l'âme se mêle intimement au charme des choses visibles, où les coins de paysage que ne cachent pas Tytire ou Mélibée sont remplis par le murmure des fontaines ou le bruissement des hêtres, l'églogue antique n'était pas retrouvée. Les bergeries de l'hôtel de Rambouillet sont de fades compositions, prétendues copiées de l'antique. Racan et d'Urfé ne comprenaient pas Virgile. Lorsque l'auteur des Eglogues faisait parler Tityre abandonnant ses guérets, ou Corydon dévoré d'amour, il ne prétendait pas mettre en scène de vulgaires gardeurs de troupeaux, mais des colons pasteurs dans le genre de ceux de la Bible. Virgile pouvait donner à ces pasteurs qui regrettent la patrie absente des sentiments en harmonie avec les délicatesses d'une civilisation avancée. Mais accommoder des bergers à l'école de tendresse affectée des salons de Rambouillet, c'était interpréter d'une manière grotesque le *Paulo majora canamus*.

Goudelin, peu au courant des subtilités de la pléïade bucolique nouvelle, ne s'inspire que de l'Eglogue antique. Ses compositions sont d'une extrême simplicité. Une invitation de bergers pour une fête champêtre, l'histoire d'une violette cueillie au soleil levant et que viennent tour à tour baiser sur le sein de la pastourelle une abeille bruissante et un pâtre amoureux, voilà ses thèmes bucoliques. C'est aussi peu compliqué que l'églogue de Mœris allant à la ville et rencontrant Lycidas près d'un hêtre séculaire (1).

---

(1) La plupart des pièces de poésie pastorale que nous appelons ici des églogues ont été écrites dans le Ramelet sous forme de sonnet ou de chant royal. Le Tasse dit que le sonnet tient de toutes sortes de styles. C'est ce qu'a prouvé Goudelin à son tour.

Qui n'a entendu prononcer dans nos contrées le
nom de Liris? Qui ne l'a mêlé dans ses rêveries à
celui d'Amaryllis? Liris est la poésie pastorale de
Goudelin; c'est un type idéal, mais qui n'apparaît
pas avec les formes vagues sous lesquelles Dante
entrevoyait Béatrix; c'est une muse paysane et fa-
milière créée en plein soleil méridional. Liris est
l'objet de la poursuite amoureuse des bergers du
Ramelet. Tout le monde connaît la célèbre apostro-
phe que cette *droulleto* arrache à un *pastourél* :

> Ah ! soulel de mous éls, se jamay sur toun se
> Yeu podi fourrupa dous poutets a plaze
> Yeu fare tan gintet que duraran trés houros!

Il est un autre genre d'églogue qu'affectionne
Goudelin et qui n'a aucune parenté avec l'églogue
antique. Virgile est la ressource de notre poëte pour
les œuvres d'art et de méditation. Mais lorsque l'imagination de Goudelin se retourne vers les horizons
de nos campagnes, un besoin d'originalité, de personnalité s'empare de la muse du chantre de Lyris.
Alors, sans préoccupation des anciens, celui-ci se
livre à sa seule inspiration. Il compose des pastorales, où, singulier caprice d'enfant ou de poëte, on
voit Goudelin lui-même se rouler sur l'herbe *pradiero*,
et, la flûte à la main, faire assaut de chants avec le
rossignol. Il faut l'entendre conter comment il reçut
la visite du *Diu nenet* (1) :

Rien de pittoresque, de vivement peint comme

> ... Amour qu'éro plus en la
> Qu'augic l'un et l'autre fiula
> Ben doussomen coumo qui pano
> O qui camino sur de lano.

(1) Abenturo amourouso.

cette composition champêtre! La gaieté avec laquelle elle est décrite n'en diminue pas le charme sicilien. Goudelin, qui se représente couché près du *Diu nenet*, s'est ici servi de la couleur locale, de l'archaïsme du paysage pour couvrir l'invraisemblance et l'anachronisme de la scène, à l'exemple de ces peintres et de ces poëtes de la Renaissance italienne qui, par le prestige des sites reproduits dans leurs pastorales imitées de l'antique, faisaient oublier le costume vénitien des bergères. Sannazar était parvenu, au moyen de ce procédé, à donner à ses pêcheurs napolitains une physionomie virgilienne. L'auteur du *Diu nenet*, du dialogue d'*Echo e de Pan*, se montrait, dans les pièces de ce genre, artiste ingénieux, spirituel, plein de grâce imprévue. S'il mettait toute sa fantaisie, toute son imagination dans le choix des sujets, le costume des personnages, s'il faisait peu de cas des vraisemblances historiques, il se préoccupait, avec une persévérance, une sincérité singulières, de la vérité poétique. Goudelin fut peut-être, parmi les poëtes de son temps, celui qui étudia la nature avec le plus de profit et l'interpréta avec le plus d'intelligence. Notre prince de la langue moundine, cherchait à peindre cette sympathie, ces relations qui s'établissent entre le cœur du poëte et les spectacles du monde visible. Il demandait surtout à la nature sa beauté, son idéale signification.

Dans les Eglogues, l'auteur du *Ramelet* n'emprunte aux choses extérieures que ce qu'il lui faut d'images pour rendre ses sentiments. Lorsqu'il écrit ses Idylles à la *Fontaine Mounrabe*, (1) à l'*Entrée de Mai*, il

(1) Cette fontaine se trouvait dans le jardin de M. de Berthier, premier président; c'est ce qu'indique Lafaille dans ce vers :
... *Berteriumque nemus*,...

semble pénétrer plus avant dans l'intimité de la nature. « Le prat sio per un autre cop, » dit-il, en terminant la description du jardin de Monrabe,

> Tust! tust! qualqu'un es a ma porto
> E'yeu me senti le pé chop.

Goudelin dérangé dans son inspiration croit sentir encore son pied humide de la rosée du jardin. Impossible de mettre plus de soin à paraître vrai et sincère et de lier davantage la personnalité du poëte aux créations ou aux fantaisies de l'imagination. L'auteur des vers au jardin de Monrabe sait même parfois harmoniser les tableaux rustiques avec l'état de son cœur. Il se rapproche par là des paysagistes de notre école moderne. On trouve dans quelques-unes de ses Idylles je ne sais quelle fusion voluptueuse de la pensée avec les charmes de la nature, ce *lentus in umbrâ*, qui indique une âme disposée à s'ouvrir aux félicités des choses visibles qui l'entourent. Cependant il faut constater à regret que les sentiments de pure mélancolie ne se rencontrent que rarement dans le *Ramelet*. Comme les auteurs grecs ou latins, Goudelin, en général, n'admet et ne décrit entre l'homme et la nature qu'une certaine communion de délectation sensuelle.

Le chantre de Liris s'est incontestablement inspiré de Virgile pour ses poésies bucoliques ; Horace est d'autre part son modèle de prédilection pour ses poésies satiriques et burlesques. Les goûts, le tempérament de Goudelin ont une grande ressemblance avec ceux de l'auteur de l'art poétique. Ce mélange de bonhomie et de vivacité d'esprit, de sévérité stoïque et de gaieté bruyante, cet amour de la paix

des champs et des cancans de la ville, cette modé-
ration dans les désirs et cet abandon entier aux
jouissances du moment, qui constituent la personnalité d'Horace, sont autant de traits propres aussi à
notre poëte. *Versus amat, hoc studet unum;* hélas!
cette généreuse passion des vers, qui avait valu à
Horace une belle fortune, avait au contraire appau-
vri Goudelin. C'est par là que le disciple ne res-
semblait plus au maître.

Cette pauvreté n'avait rien enlevé à l'honnêteté
native de la muse satirique de Goudelin. On trouve
dans le *Ramelet* tout ce qui constitue l'écrivain sé-
rieux et poli : railleries fines, ton excellent, ironies
décentes, traits vifs mais non licencieux. Il se livre
au badinage avec un abandon et une amabilité ini-
mitables.

« El trattéc en tout tens Amour coumm'un maynatge! » (1).

La calomnie seule a pu dénigrer Goudelin au point
de le placer de pair avec Saint-Amant et Scarron;
ceux-ci n'avaient de génie que pour la débauche
et les personnalités blessantes. Le rire de Goudelin
était goûté dans les salons aristocratiques du duc
de Montmorency (2).

On a accusé l'auteur du *Ramelet* d'aimer la bonne
chère. Hélas! Horace vante la médiocrité quand il

---

(1) Regrét de Tyrcis sur la mort de soun amic Goudouli.

(2) E'na fait de sa bydo un bérs de medisenço
    Ni countro le respét de la Dibinitat
    Ni may countro l'aunou qu'on diu à l'innoucenço.
    Tout le monde sap prou que Madamo Clamenço
    L'y dounéc uno flou de soun ort de plasenço...
                  (Le Souci d'argent).
Heureuse remarque qui fait, des prix de poésie de l'Académie des
Jeux Floraux, une garantie de l'honnêteté personnelle des lauréats!

n'a rien, mais quand il se présente quelque fin re-
pas, il en profite : *Dona præsentis rape lætus horæ.*
Lafaille n'a pas de peine à disculper Goudelin de ce
reproche. Notre poëte aimait la société, et d'ailleurs
il savait si délicatement se compter au nombre des
convives d'une bonne table :

> ... Soulomen per abé l'aunou
> De baysa doussomen la tasso
> A la santat de Mounseignou !

C'était son seul défaut. Devait-il perdre l'occasion de
réciter quelques-unes de ses belles chansons à boire :

> Moussus que repausats aci
> Sur la ramado per couïci,
> Mestres de la foun del Parnasso,
> Aro que fazen a rima
> Permetéts que per m'anima
> Un gloup me bengo dins ma tasso.

D'ailleurs, il règne dans les chansons du *Ramelet*
un ton de finesse délicate et une convenance par-
faites. Le vin qui remplit la tasse de notre poëte est
bien ce même vin dont parle Horace : *Quod curas
abigat... quod verba ministret...* ce vin bienfaisant
qui date du consulat de Tullus, et qu'un heureux
anniversaire, une fête fait jaillir de l'amphore.

Dans la satire, Goudelin aime à attaquer les travers de son temps, mais les travers de mœurs et
de caractère particuliers aux hommes du Midi. Les
vices des stoïciens qui indignaient Horace le trou-
blent peu, il s'arrête aux petites défaillances de ses
voisins de la campagne et de la ville. C'est ainsi
qu'il fait raconter *Al fayssié del mouli*, par une poule
caquettière et mauvaise langue, les commérages de

la métairie ; c'est ainsi encore que dans la lettre d'un *extravagant à un curieux*, il énumère les historiettes qui courent la ville et les faubourgs :

> Al Touch, en deça le gran Cayre ,
> An près un gat ta graupignayre
> Que li cal fa pourta d'esclops...

Plein de verve, d'heureuses saillies dans les sujets satiriques, Goudelin excelle dans les sujets familiers ou de pure fantaisie tels que *Castel en l'Ayré, Présen.* Il croyait que l'humeur, l'esprit d'observation, la gaieté étaient des éléments de l'art, et il se laissait aller à écrire des scènes de la vie réelle et vulgaire comme délassement à ses travaux lyriques. Tantôt, dans *Croucan*, on voit notre poëte tracer le portrait de ses contemporains avec une finesse railleuse que n'aurait pas désavouée Régnier ; tantôt dans *Tocosson*, on le surprend peindre des scènes d'intérieur, espèces de *kermesses* méridionales qui eussent paru bien étranges aux Uranistes et aux Jobelins, si le *Ramelet* eût été connu des beaux esprits de Paris. Sans doute, ici, le caractère de l'inspiration n'a rien de commun avec l'idéal grec ou latin ; mais qui pourrait méconnaître le prestige irrésistible des types méridionaux, la tournure cavalière, le grand air des héros familiers de Goudelin ? Qui n'a remarqué le don de notre poëte de faire grand dans les petits sujets, de rendre l'impression vraie qu'il ressent à la vue de ses modèles, de traiter les sujets vulgaires avec la science qu'il employait dans les sublimes ?

Chose admirable ! Goudelin sait faire de chacune des compositions satiriques ou de fantaisie une œuvre méditée, ayant son intérêt savamment gradué et combiné en vue d'un dénouement ingénieux et neuf; pages détachées et sans prétention, où se révèle cependant partout un vrai talent d'artiste, où l'on trouve le fini de l'exécution, ce mérite qui consiste à augmenter les ressources du langage poétique, à serrer de près son idée, à parachever ses créations jusqu'à ce qu'elles soient en relief et pour ainsi dire vivantes. L'art a été la grande ressource de Goudelin. C'est l'art qui a permis à notre poëte, non-seulement de se servir avec goût des principes d'une savante rhétorique, mais encore, comme dit Lafaille, « d'écrire en toutes sortes de caractères qui tous lui ont également réussi. »

Maintenant que nous avons parcouru le beau livre du *Ramelet moundi* de Goudelin, nous allons ouvrir les *Papillotos* de Jasmin. Sous une forme nouvelle et avec le prestige d'un nom nouveau, nous retrouverons dans ce volume la suite des annales poétiques romanes. Goudelin, on l'a remarqué, s'est inspiré, pour ses œuvres capitales, des souvenirs de l'art antique, tout en restant français par le caractère, par le goût et la façon pittoresque de comprendre la poésie. Nous verrons que Jasmin, moins soucieux des formes classiques, et plus intimement épris des charmes de la nature méridionale dont l'harmonieux accent parlait si vivement à son âme, chercha avant tout l'inspiration, l'idéal, et conçut ses poëmes avec un sentiment de poésie mélancolique inconnu au chantre de Liris.

III.

On connaît l'influence salutaire qu'exerça sur les intelligences, à l'époque du premier empire, la publication du *Génie du Chrïstianisme.* Ce fut le *sursum corda* du xixᵉ siècle. La froide philosophie elle-même ressentit les effets de la réaction provoquée par ce livre inspirée, et le spiritualisme fut bientôt à l'ordre du jour. La réaction n'était pas néanmoins complète : Châteaubriand s'adressait à l'imagination, et l'imagination tient encore aux sens par plus d'un côté. Il fallait au monde un langage plus intime, plus passionné et plus élevé en même temps ; il fallait un poëte qui s'emparât du cœur humain pour le transporter dans l'infini. Dieu donna ce poëte à la France. Ce fut Lamartine.

Lamartine couronna les efforts de Châteaubriand ; Elvire acheva ce que Cymodocée avait commencé.

On a dit de Châteaubriand que tous ceux qui en divers sens marchent dans les voies de ce siècle, l'ont rencontré au commencement de leurs études. On peut également affirmer qu'ils ont rencontré Lamartine à la source de leurs premières inspirations et des premiers élans de leur cœur. Si Châteaubriand a tracé une nouvelle marche à l'esprit humain, Lamartine lui a donné le goût, nous pouvons même dire la passion de l'infini.

Qui eût espéré que notre vieille poésie romane, assoupie depuis Goudelin, ressentirait les effets de la renaissance poétique qui s'opérait au commencement de ce siècle? Un homme du Midi, inconnu de nos universités et de nos académies, mais que celles-ci devaient un jour chaleureusemement acclamer, Jasmin sentit éclater en lui cette passion de l'idéal et de l'infini que venait de populariser Lamartine. Les *Harmonies* avaient retenti jusqu'au fond des villages où la langue *moundine* est parlée, et Jasmin crut saisir des traits de lointaine parenté entre les accents du grand poëte et ceux des anciens Troubadours. Il publia les *Papillotos* sous l'impression de ce rapprochement. C'était le génie des temps de gaieté poétique romane qui se réveillait parmi nous, stimulé par une voix amie et française.

Certes, la Muse romane, en choisissant Jasmin pour interprète, ne prétendait pas s'élever aux hautes et savantes conceptions des nouveaux et grands littérateurs français, elle ne prétendait pas comme ceux-ci quitter le pays natal pour aller demander, aux forêts inexplorées de l'Amérique, des couleurs merveilleuses pour ses poëmes, ou chercher dans la terre du soleil, sur le « *tombeau de Virgile et le berceau du Tasse* (1), » le secret de l'art et des sublimes inspirations. Non, notre Muse désirait suivre le mouvement de la renaissance des lettres, mais le suivre du seuil de la porte villageoise où le dédain des temps l'avaient reléguée, résolue à garder, comme les bergères de Goudelin, le costume pittoresque de nos contrées, à conserver les mœurs, les traditions anciennes, et surtout cette allégresse de caractère qui avait fait longtemps le charme des

(1) Lamartine.

jeux de poésie. Elle regardait sans envie les nouvelles créations du génie poétique français, les
grandes figures de Cymodocée, de Corinne, d'Elvire se mouvoir dans les espaces sublimes et les
cercles épiques où Dante autrefois avait entrevu
Béatrix. Par instinct, par habitude, par éducation,
un milieu plus humble lui convenait. Jasmin choisit
pour horizon de ses tableaux nos campagnes em-
baumées. C'est là que la Muse romane voulait re-
prendre ses chants longtemps interrompus.

Lorsque parurent *Maltro l'innoucento*, l'*Abuglo de
Castel Cullié*, poëmes composés sous l'ardeur du
soleil méridional et pleins du parfum de nos haies
d'églantiers, une grande émotion s'empara du monde
littéraire. Charles Nodier fut le premier à annoncer
l'apparition d'un grand poëte. Né dans le Midi, il
se demandait si l'influence hyperbolique de l'air
natal ne trompait pas son jugement. Mais la justifi-
cation de l'enthousiasme de Nodier ne se fit pas attendre. Les écrivains les plus autorisés, les critiques
les plus renommés payèrent un tribut d'admiration
à l'auteur des *Papillotos*. Jasmin devait être acclamé
par l'Académie française elle-même.

L'étonnement qu'occasionna la venue d'un grand
poëte après Lamartine et Victor Hugo, augmenta
lorsqu'on apprit que Jasmin écrivait dans l'idiome
vulgaire du Midi. Un patois banni solennellement
de nos écoles, révélait subitement toutes les qualités
des langues classiques! Quelle étrange nouveauté
pour le monde philologique! Raynouard et ses disciples se mirent immédiatement à étudier les dia-
lectes particuliers de la France; mais les vers de
Jasmin devaient mieux affirmer les caractères littéraires de notre patois que toutes les longues recherches des savants.

Depuis Goudelin, la langue *moundine* avait beaucoup perdu de sa valeur classique. Le roman, où puisa Montaigne et que le Tasse nous enviait, était devenu un idiome corrompu et grossier. Beaucoup de gallicismes s'y étaient peu à peu glissés. Jasmin crut devoir accepter d'abord le dialecte patois tel qu'il l'entendait parler autour de lui. Il composa son poëme *Lou Charibari* avec ce patois non épuré. On remarque en effet dans ce poëme certaines licences de tour, certaines expressions dont la parenté française est évidente. C'est l'époque où, *curieux aux mots vifs de son vocabulaire* (1), notre poëte ne songeait pas encore à remonter à l'étymologie, aux origines du roman pour chercher l'atticisme et le génie de cet idiome.

Une pareille négligence était blâmable. Jasmin étudia les vieux auteurs romans et parla désormais une langue d'érudit. Il releva le patois de sa nouvelle chute depuis les temps du *Ramelet*, lui rendit ses tours savants et particuliers, ses mots typiques, sa mélodie et sa gravité primitives. Jasmin a, le premier, appelé notre idiome : *Musicayre*, expression heureuse qui fait de notre langue une vibration harmonieuse comme au temps où les troubadours mêlaient aux vers de leurs poëmes le bruit joyeux du luth. Ainsi épurée, perfectionnée, la langue romane se présenta à nos critiques, à nos académies, excitant partout une surprise extraordinaire. Le vieux langage roman était ressuscité :

> Tapla biou saquela, tapla sous mots brounzinon
> ..... Sounaran et tindinaran !

s'écriait Jasmin en présentant le volume de ses vers

---

(1) Sainte Beuve, *Portraits littéraires*. (Jasmin.)

où se détachent ces belles figures de *Maltro*, de *Margarido*, de *Françouneto*, figures que nous examinerons avec un intérêt attendri.

Lorsque Jasmin écrivait ses poëmes (1), *Jocelyn* venait de paraître. *Jocelyn*, c'était l'élégie élevée jusqu'à l'épopée. De plus vastes horizons s'ouvraient pour la poésie élégiaque. Au lieu d'employer celle-ci, comme l'avaient fait les poëtes de l'école sensualiste, à déplorer les souffrances d'une seule passion, Lamartine en fit la peinture détaillée des sentiments, et put retracer les mouvements de l'âme au milieu d'un drame attachant. C'était l'apparition d'une épopée nouvelle, la première Odyssée de l'âme humaine.

La lecture de ces pages dramatiques, qu'on eût dit écrites avec le cœur, émut vivement Jasmin. Notre poëte résolut de suivre Lamartine dans la voie des études et des rêveries intimes où il s'était engagé. Que d'âmes autour de lui meurtries aussi par les souffrances de la vie et dont les tristesses répandues à l'ombre de la cabane des laboureurs n'avaient jamais été analysées par une muse compatissante et amie! Les poëtes didactiques du xviiie siècle avaient considéré les habitants des campagnes comme des personnages pittoresques propres à égayer les paysages, idylles vivantes que Wateau et Boucher avaient entourées d'un prestige théâtral. Nourris de froides fictions, ils avaient étudié la vie des champs à travers les préjugés académiques et philosophiques de leur école. Le souci de la mise en scène, de la versification, dominait chez eux l'exactitude de l'observation poétique. Pour quelques figures mises en heureuse harmonie avec un cadre champêtre par

(1) De 1836 à 1842.

Bernardin de Saint-Pierre, que de peintures de convention, que d'études superficielles dans les poëmes rustiques du dernier siècle ! Quelle lacune avait à combler la poésie au sujet de l'homme des champs !

Les amours, les joies, les douleurs, et, comme dit Jasmin, l'*homme et la femme* (1) de la campagne n'avaient pas été encore étudiés sous le jour de la réalité. L'auteur de *Maltro* voulut composer aussi l'épopée de ces héros obscurs dont la vie, quoique circonscrite dans un rayon de quelques pas, entre le clocher et le toit de chaume, a des moments empreints d'une si solennelle grandeur ; il voulut introduire dans la poésie rustique certains sentiments qui semblent particuliers à notre âge : la passion intime et contenue, les grâces tendres et rêveuses confondues jusques là avec l'affétérie galante, et une commisération chrétienne pour des souffrances et des drames jusqu'alors inconnus.

On le voit, Jasmin a, en quelque sorte, suivi Lamartine dans les aptitudes de son génie appliquées à l'observation du cœur humain ; mais en s'assimilant quelques-unes des qualités poétiques de l'auteur de *Jocelyn,* il eut le tact d'éviter certains défauts particuliers à ce poëme. A l'époque où celui-ci était écrit, le désir d'un progrès social et humanitaire renouvelé de J.-J. Rousseau, envahissait la littérature. Une nouvelle école philosophique et révolutionnaire avait établi un courant irrésistible. Lamartine laissa entamer l'intégrité de ses principes. A la place du christianisme théologique que lui avait appris sa mère, un christianisme vague pénétrait dans son âme. La foi simple qu'il gardait depuis

(1) Lettre de Jasmin à M. Léonce de Lavergne.

l'enfance s'effaçait peu à peu ; il ne croyait plus
qu'à son cœur.

Ce sera l'éternel honneur de Jasmin d'avoir continué le mouvement littéraire de cette époque sans
s'être mêlé à l'école sceptique des disciples de Dide-
rot. Les principes chrétiens et catholiques de notre
poëte ne cédèrent pas la place à cette religiosité
mal définie qui gâte les belles pages de *Jocelyn*. Les
regrets, les désirs, l'indécision maladive, les passions inquiètes que ressentait alors la société, n'avaient
pas trouvé de forme et d'expression dans les poëmes
des *Papillotos*.

L'air pur des champs où l'auteur de *Maltro* allait
chercher l'inspiration, le voisinage de ces habitants
des campagnes qui dépensent les heures du cœur
avec la même rude franchise que leurs heures de
travail, le spectacle permanent de beaux horizons,
créaient à Jasmin un milieu réellement favorable
pour la composition de ses épopées champêtres (1).
Les types des humbles paysans qu'il chante, notre
poëte les a dessinés sous l'ardent soleil du Midi ;
aucune obscurité ne recouvre leur figure sympathi-
que et leur âme honnête. Il a plus fait encore que
de tracer d'après nature les personnages que sa
muse anime, il a puisé aussi dans les traditions de
son pays le sujet de ses émouvantes épopées. Une
couleur locale attachante caractérise l'inspiration de
Jasmin.

L'intérêt absolument intime et méridional qui se
dégage des poëmes de *las Papillotos* distingue ceux-ci
des compositions héroïques de notre ancienne poésie

(1) Mais se boulés pintra, coumo cal, lous pastous,
  Grans Moussus, apayzana-bous !
  Épitre à un poëte Moussuret.

romane, composition ayant d'habitude pour thème
le récit de faits militaires (1). Jasmin ne venait pas
renouveler l'esprit des vieilles épopées classiques.
Il méla, comme les anciens troubadours, l'inspiration à un drame pathétique, mais le drame de ses
poëmes, loin de se rattacher à la peinture des grands
coups d'épée qu'aimait encore Mlle de Calages (2),
était tout intime. C'était le drame des cœurs meur-
tris par les sacrifices et les épreuves de la vie.

Tels sont les poëmes à jamais célèbres de *Maltro
l'innoucento*, de *l'Abuglo de Castel Cullié*, de *Françouneto*. Jasmin pour arriver au sublime, pour par-
venir à la hauteur émue où se complait son génie,
a des ressources d'art simples et délicates comme
les sujets qu'il traite. Les moyens subtils, les artifi-
ces qui tiennent lieu de savoir, si souvent mis en
œuvre dans les productions de notre époque, sont
inconnus à l'âme droite et vouée au labeur honnête
de notre poëte. L'art de Jasmin, l'art suave qu'il
déploie dans ses poëmes, c'est l'harmonie. On remarque, non-seulement dans les grandes lignes des
compositions, mais dans les vers, dans le style de
l'auteur des *Papillotos*, un ordre, une pondération,
une mesure qui font éprouver un charme ravissant.
Cette harmonie est le son moëlleux d'une flûte qui,
mêlé aux sentiments délicats du poëte, caresse dou-
cement notre imagination et notre cœur.

Nous venons de parler des sentiments exquis du
poëte. Une teinte mélancolique les recouvre toujours.

(1) L'expédition en Espagne de Duguesclin, poëme attribué à Ber-
trand de Roaix, est une des plus remarquables compositions de ce
genre.

(2) Poëte toulousain, contemporain de Goudelin et auteur de Judith.
Racine fit à Mlle de Calages l'honneur de prendre plusieurs vers de ce
poëme.

3

Jasmin enveloppe ses créations de cette teinte suave
et triste, mêle celle-ci à toutes les inflexions de son
inspiration, à toutes les passions mises en scène
dans ses poëmes. C'est ainsi que la mélancolie accom-
pagne l'abnégation de *Maltro*, et s'unit tour à tour à
l'ardeur poignante de l'amour de *Margarido*, et aux
traits de la gaieté coquette de *Françouneto*.

Maltro l'innoucento! Une pauvre fille de village se
penche à la fenêtre pour voir défiler le groupe de
jeunes gens qui viennent de subir heureusement le
tirage au sort et qui portent le numéro sauveur sur
leur chapeau. La bande joyeuse passe en chantant,
mais Jacques, le gars qu'aime *Maltro*, n'est pas parmi
les conscrits favorisés de la fortune. La jeune fille
tombe évanouie. Les circonstances dramatiques de
ce premier chant font songer à ce vers de la bal-
lade :

Les timbaliers étaient passés ! (1)

Jacques part pour la guerre. Ici le poëte laisse
tomber dans le cœur de *Maltro* les sentiments de
douce tristesse qui l'oppressent lui-même. Que les
heures de l'attente sont longues! Que devient cette
âme abandonnée dont l'existence semble suspendue
entre les souvenirs et l'espérance? *Maltro*, loin de se
nourrir d'une nostalgie sèche et peu chrétienne,
donne à sa vie l'héroïsme du sacrifice. Elle travaille
pour payer la rançon de Jacques. Sa mélancolie,
loin de s'égarer dans les divagations stériles et dangereuses aimées par les poëtes allemands, est rame-
née à l'idée du devoir et du labeur généreux. Pauvre
enfant! Voici les hirondelles! elles reviennent à

(1) Victor Hugo.

cette chambre pleine du souvenir du bien-aimé et semblent se prêter aux angoisses de la solitude :

... Mais resta me bous aou; ma crambo és al sourel !

Dans l'*Abuglo de Castel Culié*, il y a aussi un cœur brisé. Les douleurs de l'amour ont rendu *Maltro* folle ; elles conduisent *Margarido* au tombeau.

Las carreros diouyon flouri
Tan belo nobio bay sourti ;
Diouyon flouri., diouyon grana
Tan belo nobio bay passa ?

C'est le chant de la noce, de cette noce qui enlève à Marguerite aveugle, son prétendu. Là, les sentiers couverts de roses et de lauriers, les costumes frais et éclatants, le rire bruyant des mariés; ici, la chaumière froide, nue et obscure; le silence, la tristesse grave et poignante d'une pauvre aveugle délaissée. Jasmin excelle à peindre ces déchirants contrastes (1) :

Un bel sourel de may rajabo
Et dins l'ayre déjà lou ben fresquet lançabo
Las halenados de parfum !

Et plus loin, on entend Marguerite dire tristement :

Jour pes aoutres, toutjour ! et per jou, malhurouso
Toutjour ney ! toutjour ney !

Cette nuit est déchirante. C'est dans cette nuit que

---

(1) C'est bien là, la muse de Jasmin, tour à tour pleurante et rieuse. et passant comme un éclair des larmes au rire et du rire aux larmes.

Léonce de Lavergne. *(Revue des Deux-Mondes.)*.

Jasmin peint l'amour renié, sans espoir. L'amour!
Jasmin avait deviné les ineffables délicatesses des
affections humaines. Son génie spiritualiste lui avait
montré celles-ci idéalement vivantes et comme
transfigurées. Il donne à l'amour cette virginale
suavité que le dernier siècle se plut à mépriser, et
que Parny traîna dans le sensualisme. Les *Médita-*
tions avaient déjà purifié l'ardeur des tendresses
purement humaines, ardeur qui tour à tour sous
la plume de Gœthe avait revêtu, avant cette
époque, un caractère infâme, et sous celle de Byron
une expression fatale et inquiète. Honneur à Jasmin
d'avoir voulu répandre une jeunesse et une poésie
chaste sur les sentiments les plus ardents du cœur!
Notre poëte a pu avec raison appeler *Margarido*

Uno biergés de ciro habillado en pastouro,

tellement les battements de son cœur sont chaste-
ment comprimés sous la veste de bure. Hélas! cette
compression fière des angoisses de l'amour devait
avoir un cruel dénouement :

Las carreros diouyon gémi,
Tan bélo morto bay sourti;
Diouyon gemi, diouyon ploura
Tan belo morto bay passa!

C'est le cortége de la pauvre aveugle morte d'a-
mour qui suit le même sentier qu'avait foulé la veille
la noce bruyante. Cortége de nos illusions perdues,
de nos peines imméritées, vous ne faites qu'un avec
celui de la triste *Margarido!* Après avoir fermé depuis des années le livre de Jasmin, on voit encore

dans le souvenir passer ce cercueil couvert d'un voile blanc : la vérité des sentiments, le pathétique des situations ont survécu à la légende racontée par le poëte. C'est par là que la véritable poésie se confond avec la nature et la vie réelle, et que Jasmin, au-dessus de la personnalité attachante de ses créations, est arrivé à peindre l'*homme et la femme*, c'est-à-dire le cœur dans ses types immuables.

Quelques critiques ont placé *Françouneto* au premier rang des œuvres contenues dans *las Papillotos*. Nous ne partageons pas cette opinion malgré la juste admiration que mérite cette composition originale et rendue en vers très-harmonieux. Jasmin a travaillé ce poëme avec plus de soin que les autres. Un peu d'effort s'y aperçoit. Le naturel, la naïveté rustique, la simplicité de mise en scène ne sont pas rendus avec le même charme qu'on remarque dans *Maltro* et l'*Abuglo*. Dès le début, la muse du poëte, habituée aux sentiers fleuris, s'embarrasse dans des souvenirs de guerre civile, et les larmes qu'elle verse sur les cadavres du *sanguinaire Monluc*, s'harmonisent mal avec les danses des pastoureaux si bien décrites dans le premier chant. La recherche un peu excessive des effets et des contrastes fait sortir çà et là Jasmin du ton mélancolique et doux qui caractérise ses poésies. Ces réserves n'empêchent pas le poëme de *Françouneto* d'être une œuvre très-pathétique et d'une savante exécution. *Françouneto*, cette femme coquette, mais qui sous des dehors légers cache un cœur héroïque, est un type finement rendu par Jasmin. *Les grâces conservées d'une muse légère*, comme dit Sainte-Beuve, éclatent dans ces pages vives et relevées de couleurs méridionales. Rien de gai, de frais, de tournoyant comme les danses champêtres de *Françouneto;* rien de gracieux et de pimpant comme cette jeune fille qui

> De sa boués et de sas cansous
> Randio les aouzelous
> Jalous !

Si Jasmin « aimait prendre ses tableaux autour de lui (1), » il regardait aussi volontiers dans son propre cœur, comme en témoignent *Mous Soubenis.* Quelle bonne fortune ! Le poëte a songé à découper sa vie en petits tableaux pour que nous gardions mieux le souvenir des années qu'il a passées parmi nous. *Merveille de gaieté, de sensibilité et de passion* (2), ce chant d'une âme qui se raconte elle-même sera longtemps cher à nos contrées. Dans ce récit émouvant, le poëte ne descend pas du piédestal que lui a élevé l'admiration publique, et l'homme ne quitte pas l'honnête escabeau qu'il a toujours occupé dans l'humble boutique d'Agen. Que de littérateurs n'ont pas su conserver la mesure et la dignité dans les révélations biographiques et sont tombés sous le mépris public! *Mous Soubenis!* Avec quel touchant intérêt on voit notre poëte enfant, qui jusqu'à l'âge de 7 ans n'avait été ému que par les charivaris du lieu, les feux de la Saint-Jean, rencontrer brusquement un jour son grand-père infirme que les voisins transportaient à l'hôpital.

> Pel prumé cop sagueri qu'éren paourés !

Avec quel charme tour à tour gai et triste on le suit à l'école, mettant le doigt dans la confiture du cha-

(1) Lettre de Jasmin à M. de Lavergne.
(2) Charles Nodier.

noine, et devant cette table où le morceau de pain a été acheté avec l'anneau de noces de sa mère !

Mous Soubenis se rattachent encore par la pureté de style et la grâce mélancolique du sujet au genre des poëmes de *Maltro* et de l'*Abuglo*. C'est toujours l'étude du cœur humain faite à une certaine heure triste de la vie.

Certains critiques ont pu, pour bien des motifs tirés du caractère de ses poëmes, comparer Jasmin à Lamartine, mais quelles raisons ont-ils pu invoquer pour trouver en même temps à notre poëte une ressemblance avec Béranger? On a nommé Jasmin le *Béranger gascon*. Il y avait, dans Béranger, quelque chose de la nature de Voltaire. Ce chansonnier a continué la haine fanatique que le philosophe de Ferney portait au christianisme, haine tenace qu'il mêlait à la fois à ses satires politiques et à ses odes philosophiques. Autant Béranger se rattache au paganisme du XVIIIᵉ siècle, autant Jasmin se rapproche, par l'honnèteté chrétienne de son inspiration, des doctrines spiritualistes du siècle de Louis XIV. C'est Boileau que notre poëte a voulu imiter dans *lou Charibari*, et non Béranger. Jasmin a emprunté au *Lutrin* les éléments de sa composition ; il égale presque Boileau par la richesse d'invention, le naturel des peintures, l'art qu'il a mis à ennoblir les petits détails. Non, la morale saine répandue dans les ouvrages satiriques des *Papillotos* n'a rien de commun avec le parti-pris général d'irréligion et de légèreté licencieuse qui fait le fond du génie de Béranger.

Laissons donc de côté cette assimilation étrange d'un poëte du Gai-Savoir avec un poëte disciple de Désaugiers. Contentons-nous, en présence des beaux poëmes de l'*Abuglo*, de *Maltro*, de *Françouneto*, dont

nous avons parlé; en présence des Odes pleines
d'ampleur, des Epîtres où règne un aimable abandon, contenues dans les *Papillotos*, productions
détachées que nous ne voulons pas décolorer par
une froide analyse, contentons-nous de résumer
notre admiration par ces paroles de Sainte-Beuve :
« Ainsi va et sans cesse recommence et se remontre
soudainement, aussi fraîche qu'au premier matin,
la poésie immortelle. »

IV.

Nous venons d'examiner dans les pages qui pré-
cèdent les œuvres de Goudelin et de Jasmin, œuvres
qui, malgré leur différence de forme et de signification, permettent cependant de distinguer et de mettre
en relief certains points par où se rapproche le génie de nos auteurs *jumeaux* (1). Si les chantres de
Lyris et de *Maltro* ont entre eux une certaine simi-
litude comme poëtes, ils ont montré tons deux une
aptitude absolument identique dans l'art de réciter
leurs compositions. Aussi, avant d'étudier dans une
rapide synthèse les qualités propres à leur inspiration, il ne sera pas sans intérêt de se rendre compte
de la puissance singulière de mimique qui leur était
commune. Tout le monde sait que Goudelin et Jasmin ont été de grands acteurs.

Goudelin a eu la bonne fortune d'avoir été peint
par Nicolas de Troy. Devant le portrait superbe de
ce maître toulousain, on peut étudier la personna-

(1) *Bessous.* Jasmin.

lité physique de l'auteur du *Ramelet*. C'est dans ces traits carrés empreints à la fois de bonhomie bourgeoise et d'élégance aristocratique, dans la tournure de cette tête vive et communicative sans effronterie, dans le sourire si railleur de la bouche tempéré par l'expression rêveuse du regard, qu'on trouve l'explication de l'énergique fascination qu'exerçait notre poëte et de cet art où il excellait de faire valoir la poésie de son âme par l'interprétation du geste et de la voix. Etrange éloquence de cette physionomie! C'est le *Ramelet* lui-même commenté par les lignes du visage. Est-ce que le poëte, à force d'habitude de réciter ses compositions, aurait fait entrer dans l'expression de ses traits quelque chose du génie poétique qui le caractérisait? Cette supposition n'est pas invraisemblable, si l'on en croit Lafaille qui a décrit la vie de Goudelin en même temps que M. de Troy reproduisait le visage de notre poëte.

En effet, Lafaille nous montre Goudelin récitant des compositions en langue *moundine* à l'hôtel du duc de Montmorency. Ces compositions appelées *Prologues* précédaient les ballets fastueux donnés chez le gouverneur du Languedoc. Elles consistaient en un récit plein de fantaisie et d'*humour* approprié à l'heureux temps de *Carmantran*, récit ayant tantôt pour thème des souvenirs mythologiques vivement assaisonnés aux mœurs de l'époque, tantôt les ridicules et les extravagances de la galanterie méridionale. Ces improvisations, où l'on trouve des morceaux dignes de Molière, sont relevées par un esprit d'une étrange fécondité et par un style d'une allégresse de tour admirable. Les traits de gaieté typique, les saillies merveilleuses, l'inépuisable éclat de l'imagination du poëte, n'étaient pas la seule explication du concours empressé des Toulousains aux fêtes du gouverneur. Ce qu'on allait surtout applaudir, c'était la personne de Goudelin. Celui-ci, par sa façon de dire, par son geste, son accent, sa tournure, empreints d'un art infini, excitait au plus haut point l'enthousiasme de la société d'élite qui l'écoutait. Les *Prologues* étaient la meilleure part des fêtes splendides du duc de Montmorency. Lafaille montre une grande admiration pour la grâce merveilleuse que Goudelin mettait « dans tout *ce qu'il faisait et même dans ce qu'il ne faisait pas, car il n'avait qu'à se présenter dans une compagnie pour provoquer la joie* (1). » Personne cependant ne songeait à assimiler Goudelin à un balladin vulgaire, car il plaisait « *en honnête homme* », et il sut acquérir l'amitié des gouverneurs du Languedoc et l'estime publique. Le caractère de l'auteur du *Ramelet* était tellement respecté qu'à l'exemple de ces sages d'Athènes nourris dans le prytanée, Goudelin reçut sur la fin de sa vie une rente inscrite sur les registres du Capitoulat, honneur qui n'avait jamais été accordé à d'autres poëtes.

Les applaudissements frénétiques qui ont accueilli Jasmin récitant ses poésies ne sont-ils pas un écho saisissant de ceux qui saluaient l'auteur des *Prologues?* Singulier rapprochement! Nos deux plus illustres poëtes romans ont eu en partage un immense talent d'acteur. La nature, sans doute, avait mis en eux une disposition native à l'art de la déclama-

(1) Les vers suivants de d'Astros expliquent la popularité merveilleuse dont jouissait Goudelin :

> Toulouso tengue per miracle
> Soun Sant-Sernin é soun Basacle,
> La belo Paulo é Matelin (célèbre musicien);
> Més daronla s'es més débate
> Cau per parla de Goudelin,
> Debremba touts les autes quouate.

tion, mais ne pourrait-on pas expliquer ce phéno-
mène par la nécessité où se sont également trouvés
Goudelin et Jasmin d'aider par le secours de l'accent et du geste à la compréhension d'une langue
devenue barbare par l'effet des proscriptions dont
elle avait été frappée? Le génie roman intimement
lié au vocabulaire de sa langue avait besoin d'un
interprète, d'un rapsode qui, par la physionomie,
la voix, l'attitude, expliquât et commentât en quelque sorte les termes de notre idiome vulgaire. Mais
le jeu d'acteur de nos deux poëtes, si identique
quant à la puissance et au charme, avait cependant un caractère bien différent : Goudelin excitait
l'allégresse, Jasmin faisait couler les larmes. On rap-
porte que Jasmin, récitant l'*Abuglo* au milieu d'une
foule d'élite rassemblée chez M. A. Thierry, donna
une telle expression aux plaintes de la pauvre
fille :

Toutjour ney! toutjour ney!

que tous les regards se portèrent, attendris, sur
notre grand historien, hélas! comme on le sait privé
de la vue comme l'héroïne du drame. On connaît les
triomphes que le don merveilleux de la déclamation
a valus au chantre de l'*Abuglo*, dans toute la France.
Jasmin était applaudi en tous lieux pour son talent
d'acteur; partout aussi il était estimé pour l'honnêteté de son caractère. Comme Goudelin qui aima
mieux subir la pauvreté que d'avoir recours aux
faveurs des ducs de Carmaing et de Montmorency,
Jasmin préféra l'humble pain gagné par le travail
manuel, à la gloire, aux richesses que lui promet-
taient dans la capitale les maîtres de la fortune :

... Bay! bay! n'atges pas poou que, dachan ma crambeto,
Ma muzo as grans pourtals s'en angue à ginouillous!...

Certes, deux hommes dont la ressemblance d'aptitude naturelle et de caractère était si frappante (1)
devaient aussi se rencontrer sur le terrain du goût
et de la poésie. Ce n'est pas sans raison que Jasmin
se considérait comme frère de l'auteur du *Ramelet*.
Le lien d'étroite parenté qui unit en effet les deux
poëtes, c'est la gaieté poétique romane. La joie douce
propre au caractère méridional, et la poésie, n'avaient
fait qu'une seule et même chose au temps primitif
des Troubadours. Cette joie douce entourait les créations de la muse romane d'un éclat mélancolique
pareil à celui que projettent les nimbes dorés autour
des figures de nos fresques. Rien en elle ne se rappro-
chait de ce penchant grossier à la belle humeur, à la
jovialité, si tristement en vogue à l'époque de Panta-
gruel et de la Satire Ménippée. Goudelin et Jasmin se
sont rencontrés dans ce milieu de gaieté romane qu'a-
vaient aimée les troubadours ; ils ont fait tous deux
revivre l'alliance de la joie de notre caractère et des
inspirations poétiques. En continuant les traditions
de l'école des Jeux-Floraux (2), en faisant pénétrer
dans le domaine de l'art et de l'idéal l'esprit méridional avec ses goûts, ses mœurs, sa civilisation
particulière, ils sont devenus à un égal degré et au

(1) Une singulière coïncidence rend plus frappant encore le rapprochement que nous établissons entre les deux poëtes : L'auteur des
regrets de Tyrcis sur la mort de Goudelin écrit ces vers :
« ... Soun payre *éro Barbié* et fourec *un rasou*
Que coupec le filet de la lenguo moundino. »
(2) L'Académie des Jeux Floraux, qui avait voulu honorer Goudelin
d'une manière toute particulière en faisant transporter solennellement
les cendres de ce poëte à l'église de la Daurade où avait été le tombeau
de Clémence-Isaure (voir l'oraison funèbre prononcée à cette occasion
par le secrétaire perpétuel, Poitevin, en 1808), voulut aussi accorder
à Jasmin un témoignage spécial d'admiration et de reconnaissance : elle
nomma l'auteur de *Maltro*, Maître-ès-Jeux-Floraux.

même titre les confidents harmonieux de leurs com-
patriotes.

La gaieté romane a servi, comme nous venons de
le voir, de fonds commun et de liaison aux facultés
poétiques de Goudelin et de Jasmin, mais ces facultés se sont développées et affirmées séparément
selon les goûts et le tempérament propre à chacun
de ces poëtes.

Goudelin venu à une époque de recherche et de
fièvre classique, préparé du reste par de fortes études au mouvement qui poussait les esprits vers
l'antiquité grecque et latine, a cherché à cimenter
l'accord de la poésie romane avec la rhétorique
antique. Nous avons vu plus haut que les poëtes du
temps de Clémence, plutôt que de se prêter à une
fusion du goût méridional dans le goût antique,
préférèrent interrompre leurs chants. Mais à l'époque où Goudelin allait tenter ce rapprochement
heureux, l'engouement payen et idolâtre des huma-
nistes de la Renaissance était éteint. Sannazar avait
désavoué, avant de mourir, ses bucoliques peuplées
de divinités mythologiques et composé un poëme
en l'honneur de la Vierge Marie. On avait abandonné
l'anachronisme des doctrines et des dogmes antiques ; la rhétorique savante des auteurs classiques
anciens avait seule été conservée. C'est cette rhétorique dégagée, autant que le permettait le goût
de l'époque, des fables du paganisme que Goudelin
voulut mettre au service du génie roman. L'auteur
du *Ramelet* accepta la poétique naturaliste de l'antiquité grecque et latine. Il chercha la perfection de
la forme, le style, les règles savantes de l'art. On
dirait que dans les arbres de sa *Fontaine Monrabe*
passe ce même souffle antique qui agitait les pins
de la campagne romaine du temps des bergers des
Eglogues.

Goudelin eût été un pur classique, un poëte du temps d'Auguste, si, influencé par l'amitié qui le liait aux peintres toulousains ses contemporains, il ne s'était inspiré, pour quelques-unes de ses poésies, de cette esthétique nouvelle, puissante, et colorée que Chalette avait étudiée auprès des successeurs de Raphaël.

Jasmin n'a pas emprunté ses modèles aux mêmes maîtres. Il est le continuateur du Gai-savoir, de la gaieté poétique comme Goudelin, mais il appartient uniquement, par son génie comme par ses études, à l'école de la restauration. Plus éprise d'inspiration que de règles, plus livrée à la nature qu'aux grands modèles, plus concentrée en elle-même que curieuse des traditions classiques, cette école avait brisé les vieux moules, renversé les vieux temples, renouvelé la poésie, recherchant l'exquise beauté, demandant le secret de l'idéal aux âges primitifs de notre littérature. L'inspiration poétique n'était plus tributaire d'un goût perverti ; ainsi dépouillée pour ainsi dire de toute trace d'école, elle avait revêtu le plus haut caractère auquel elle puisse prétendre : elle était devenue un pur rayonnement de l'âme, une apparition, en quelque sorte, de l'essence immaterielle. C'est dans cette atmosphère sereine qu'avait vécu Jasmin. Le poëte fit retentir ses chants dans ce milieu en harmonie avec la chasteté chrétienne des traditions du Gai-savoir. Il célébra nos contrées, nos mœurs, nos croyances, nos légendes populaires. Comme Mme de Staël avait fait Corinne pour personnifier la poésie italienne, Jasmin créa *Françou-neto* pour symboliser à la fois la gaieté inspirée et la mélancolie méridionales. *Maltro, Margarido* rendent quelque chose du sens des lignes de nos horizons, du parfum de nos prairies.

Venu parmi nous après les artistes qui , comme Dalayrac (1) et Roques (2), avaient cherché autre chose dans les sujets populaires que des motifs pittoresques et avaient voulu être vrais par le sentiment, Jasmin les a dépassés dans l'imitation sincère de la nature.

Le génie de Goudelin c'est l'alliance de la gaieté romane avec le naturalisme antique ; celui de Jasmin c'est l'accord de cette même gaieté romane avec l'idéalisme de l'école de Lamartine. *Liris* et *Margarido* sont la forme vivante de leur poétique respective : la première est une Amaryllis entrevue sous les hêtres des pastorales de Théocrite ou de Virgile, la seconde une Virginie ou une Graziella touchante étudiée directement dans le cœur humain et la nature. Si l'auteur du *Ramelet* s'est élevé jusqu'au plus pur atticisme de l'art , celui des *Papillotos* a atteint le plus haut sommet de l'inspiration. A l'un le style qui se prête à tout , à l'autre la grâce dans le sentiment et la passion. Goudelin est l'esprit, Jasmin est le cœur méridional.

(1) Le mélancolique auteur de *Nina*.
(2) Auteur du *Tombeau d'Amyntas*.

Impr. Louis & Jean-Matthieu Douladoure.

www.ingramcontent.com/pod-product-compliance
Lightning Source LLC
LaVergne TN
LVHW022148080426

835511LV00008B/1322